LA QUESTION

DE LA

RÉSIDENCE AFFOUAGÈRE

DEVANT LE PARLEMENT

PAR

LÉON GERMAIN

DOCTEUR EN DROIT
JUGE AU TRIBUNAL CIVIL DE VESOUL

BERGER-LEVRAULT & Cie, ÉDITEURS

PARIS	NANCY
5, RUE DES BEAUX-ARTS, 5	18, RUE DES GLACIS, 18

1908

Extrait de la *Revue générale d'Administration* (Janvier 1908).

LA QUESTION

DE LA

RÉSIDENCE AFFOUAGÈRE

DEVANT LE PARLEMENT

PAR

LÉON GERMAIN

DOCTEUR EN DROIT
JUGE AU TRIBUNAL CIVIL DE VESOUL

BERGER-LEVRAULT & Cie, ÉDITEURS

PARIS | NANCY
5, RUE DES BEAUX-ARTS, 5 | 18, RUE DES GLACIS, 18

1908

LA QUESTION

DE LA

RÉSIDENCE AFFOUAGÈRE

DEVANT LE PARLEMENT

Dans la séance du 9 juillet 1907, la Chambre des députés a adopté sans discussion, après déclaration de l'urgence, une proposition de loi ayant pour objet d'établir, en vue de la participation à l'affouage communal, une résidence spéciale. Cette proposition, transmise le 11 juillet suivant au Sénat et renvoyée à la commission du Code forestier, présente une particulière importance. Définitivement admise, telle que l'a votée la Chambre, elle entraînerait, pour l'administration de nombreuses communes rurales, de très sérieuses conséquences, qu'il paraît opportun de signaler.

I

Le projet dont nous essayons l'examen n'est point de date très récente. C'est en effet le 25 mars 1904 que M. Chanal, député de l'Ain, et plusieurs de ses collègues déposèrent sur le bureau de la Chambre une proposition portant modification de l'article 105 du Code forestier[1]. Ainsi que l'indique l'exposé des motifs[2], « il ne s'agit nullement, dans ce projet, de porter atteinte à la loi de

---

[1] *Journal officiel* du 26 mars 1904. Débats parlementaires. Chambre, p. 963.
[2] *Journal officiel,* 1904. Documents parlementaires. Chambre, p. 789. Annexe n° 1640.

1901 (¹), ni d'en restreindre l'application, mais seulement de préciser les conditions à remplir pour prendre part à la distribution mixte ou par tête de l'affouage ».

La modification consiste uniquement à ajouter un paragraphe à l'article 105 du Code forestier, qui se trouverait ainsi conçu :

« S'il n'y a titre contraire, le partage de l'affouage, qu'il s'agisse des bois de chauffage ou des bois de construction, se fera de l'une des trois manières suivantes :

« I. — Ou bien par feu, c'est-à-dire par chef de famille ou de ménage ayant domicile réel et fixe dans la commune avant la publication du rôle ;

« II. — Ou bien moitié par chef de famille ou de ménage et moitié par tête d'habitant remplissant les mêmes conditions de domicile ;

« Sera, dans les deux cas précédents, seul considéré comme chef de famille ou de ménage l'individu ayant réellement et effectivement la charge ou la direction d'une famille, ou possédant un ménage distinct où il prépare et prend sa nourriture ;

« III. — Ou bien par tête d'habitant ayant domicile réel et fixe dans la commune avant la publication du rôle.

« Chaque année, dans sa session de mai, le conseil municipal déterminera lequel de ces trois modes de partage sera appliqué. Il pourra aussi décider la vente de tout ou partie de l'affouage au profit de la caisse communale. Dans ce dernier cas, la vente aura lieu par voie d'adjudication publique par les soins de l'administration forestière.

« *En cas de partage par feu et par tête ou seulement de partage par tête, le conseil municipal aura la faculté de décider que, pour avoir droit de participer au partage par tête de l'affouage, il sera nécessaire, au moment de la publication du rôle, de posséder depuis un temps qu'il déterminera, mais qui n'excédera pas six mois, un domicile réel et fixe dans la commune.*

« Les usages contraires à ces modes de partage sont et demeurent abolis.

« Les étrangers qui remplissent les conditions ci-dessus indiquées ne pourront être appelés au partage qu'après avoir été autorisés,

----

(¹) Voir notre **Commentaire** de cette loi, *Revue générale d'Administration,* 1901, II, p. 129-257 ; III, p. 28.

conformément à l'article 13 du Code civil, à établir leur domicile en France. »

Dans ce texte, le paragraphe nouveau est indiqué en italiques, la manière dont il est conçu interdisant de le séparer du reste de l'article qui a dû par conséquent être entièrement reproduit.

Renvoyé à la commission de l'agriculture, le projet Chanal fut, le 10 avril 1905, l'objet d'un rapport de M. Plissonnier, député de l'Isère[1]. Aucune modification n'est faite au texte proposé. Le rapporteur se contente de rappeler brièvement le but et l'avantage de la réforme, puis il indique la solution apportée par la commission à une difficulté qui avait été soulevée devant elle. On s'était demandé si, lorsqu'une commune userait de la faculté que lui accordait le projet, « les fonctionnaires ne devraient pas échapper aux prescriptions imposées aux affouagistes de la commune et s'ils n'auraient pas, de par leur nomination, droit à l'affouage, sans condition de durée de domicile ».

A bon droit, la commission a répondu négativement : « La fonction, dit excellemment M. Plissonnier, ne donne aucun droit à l'affouage. On n'acquiert ce droit qu'en devenant habitant de la commune. Le caractère essentiel du droit à l'affouage est un domicile établi dans des conditions telles que, par sa stabilité, celui qui réclame une part de l'affouage puisse être considéré comme suffisamment attaché à la commune pour devenir un copropriétaire de la forêt. Le fonctionnaire ne remplit ces conditions que lorsqu'il est domicilié, depuis un certain temps, dans la commune. D'ailleurs l'affouage constitue pour lui un avantage dont il ne bénéficie pas normalement dans la plupart des communes, mais exceptionnellement lorsqu'il a la bonne fortune d'être envoyé dans une commune forestière. Il est de toute justice que, pour bénéficier des avantages que lui fait cette commune, il se soumette aux conditions qu'elle impose à tous les affouagistes. »

Au surplus, l'exception proposée ne se justifiait aucunement.

Après le rapport Plissonnier, la législature s'achève sans que le projet vienne en discussion.

Puis, le 28 juin 1907, la Chambre nouvelle, sur la demande for-

---

[1] *Journal officiel,* 1905. Documents parlementaires. Chambre, p. 396. Annexe n° 2380.

mée par la commission de l'agriculture, conformément à l'article 18 du règlement, modifié par la résolution du 16 juin 1903[1], ordonne le renvoi à cette commission du rapport déposé deux ans auparavant par M. Plissonnier[2].

Et c'est ensuite de ce rapport, dont seulement quelques lignes du début sont supprimées, que, le 9 juillet suivant, l'article unique de la proposition Chanal mis aux voix est adopté, personne n'ayant demandé la parole[3].

Le renvoi fait par le Sénat le 11 juillet, après transmission régulière à la commission du Code forestier nommée le 12 juin 1906, porte donc uniquement sur le projet tel qu'il avait été formulé en 1904[4].

Or, le caractère essentiel de ce projet, ainsi que le montre la simple lecture de l'article nouveau actuellement soumis au Sénat, est d'autoriser les communes à fixer, en certains cas et dans une certaine limite, une résidence particulière à l'affouage communal. D'une manière générale, il convient d'approuver pleinement le principe de cette réforme qui ne constitue point d'ailleurs une innovation sans précédents.

II

L'idée d'imposer un certain temps de résidence pour participer à l'affouage communal n'est, en effet, pas nouvelle.

Dans l'ancien droit, Fréminville disait déjà : « ... Pour qu'un habi-

---

[1] Cet article 18 modifié est ainsi conçu : « La Chambre peut renvoyer à une commission déjà formée l'examen des propositions et des projets de loi qui lui sont présentés. Après le renouvellement intégral de la Chambre, les rapports sur le fond déposés par les commissions de la précédente législature peuvent être repris et renvoyés aux commissions nouvelles, soit sur l'initiative des commissions elles-mêmes, soit sur l'initiative de vingt membres. Les demandes de renvoi sont déposées entre les mains du président, qui les communique à la Chambre. Lorsque la demande émane d'une commission, le renvoi est de droit ; dans le cas contraire, la Chambre statue, par assis et levé, sans débat. Toute commission saisie d'un rapport émanant de la précédente législature peut décider qu'elle en accepte les conclusions sans amendement ; elle charge alors un de ses membres d'en soutenir la discussion devant la Chambre et l'inscription à l'ordre du jour a lieu dans les formes ordinaires, sans autre procédure. Si la commission estime qu'il y a lieu de modifier un ou plusieurs articles, elle soumet à la Chambre un rapport se limitant aux articles amendés. »

[2] *Journal officiel* du 29 juin 1907. Débats parlementaires. Chambre des députés, p. 1581.

[3] *Journal officiel* du 10 juillet 1907. Débats parlementaires. Chambre, p. 1792-1793.

[4] *Journal officiel* du 12 juillet 1907. Débats parlementaires. Sénat, p. 894-895.

tant nouvellement établi dans une paroisse participe aux privilèges d'une communauté, par conséquent au droit d'usage dans un bois ou dans les fruits communaux appartenant aux habitants du lieu où il s'est retiré, il lui faut an et jour, par la raison qu'il faut un pareil temps d'habitation pour qu'il puisse être imposé aux tailles, capitations et autres charges personnelles, n'étant pas raisonnable qu'il participe aux biens de la communauté avant que d'être en état de contribuer aux charges(¹). »

Sous la période révolutionnaire, c'est la résidence annale qu'imposa le décret du 26 nivôse an II, en se référant, pour le partage des coupes communales, à la loi du 10 juin 1793.

Le même principe était encore admis en 1806, ainsi qu'en, témoigne notamment un arrêté du préfet du Doubs en date du 4 février. L'article 3 de cet arrêté était en effet ainsi conçu : « Comme le 1er janvier est l'époque où commence le droit des habitants à la jouissance de l'affouage, ce sera aussi l'époque qui servira à régler l'année de résidence que l'on doit avoir pour être compris dans le partage. Ainsi, celui qui n'aurait pas une année de résidence révolue au 1er janvier ne pourra obtenir sa portion de bois, quand même la distribution en serait faite postérieurement et que, dans l'intervalle du 1er janvier au jour de cette distribution, l'année de résidence se serait complétée. »

En 1827, les travaux préparatoires qui ont précédé l'adoption de l'article 105 du Code forestier ne font point allusion à une résidence déterminée ; le principe même de la nécessité d'un stage communal en matière d'affouage semble être effectivement condamné par suite de l'admission des seuls usages se rapportant à la distribution de l'affouage et non aux conditions de participation(²).

Mais l'emploi de l'expression fameuse « domicile réel et fixe » allait donner naissance à de longues controverses. Le premier écho s'en retrouve dans les motifs d'une décision ministérielle des finances en date du 30 août 1830, décision d'après laquelle le droit d'affouage ne pouvait s'acquérir que par le domicile réel pendant une année(³).

(¹) Fréminville, *Pratique des terriers*, t. III, p. 219.

(²) Cf. dans le *Moniteur*, année 1827, numéro du 31 mars, p. 489, le discours de M. Terrier de Santans et la réponse du rapporteur, M. Favart de Langlade.

(³) Voir le texte de cette décision ministérielle dans Dalloz, *Répertoire*, v° *Forêts*, n° 1783. Dans le même sens : Baudrillart, *Commentaire de l'article 105 du Code forestier* ; Leber et de Puibusque, *Code municipal*, p. 404.

Toutefois, deux ans après, cette décision était rapportée purement et simplement par une autre décision prise par le ministre des finances, le 9 décembre 1832, sur la demande du ministre du commerce et des travaux publics (¹). Il en ressort que l'article 105 du Code forestier n'impose pas, pour avoir droit à l'affouage, la condition d'une résidence plus ou moins longue.

L'accord ne se trouve point par là même établi. En 1837, une décision du ministre de l'intérieur, en date du 22 août, pose en règle que, si un particulier a quitté la commune de son ancienne résidence avant que l'état des affouages ait été dressé et s'il n'a pas encore un an de domicile dans la nouvelle commune où il a établi son domicile, il n'a droit à obtenir l'affouage ni dans l'une, ni dans l'autre commune. Mais, par contre, un arrêt de cassation du 14 juin 1847 reconnaissait que l'usage d'après lequel, pour être admis à l'affouage, il faut avoir, depuis un an, pot et feu séparés, ne pouvait plus recevoir application (²).

En ce dernier sens, la doctrine admettait peu à peu que le domicile affouager était le même que le domicile civil (³). Cependant, cette identification complète, sans que la fixité du domicile affouager soit même prise en considération, facilitait à un tel point en pratique les abus et les spéculations des nomades intéressés à s'établir provisoirement dans les communes affouagères que, lorsque, en 1882, MM. Lelièvre et Noirot proposèrent une modification à l'article 105 du Code forestier, ils exigèrent, pour la participation à l'affouage, le rétablissement de l'ancienne pratique, c'est-à-dire la possession d'un domicile réel et fixe dans la commune depuis un an, au moment de la publication du rôle (⁴).

A la vérité, ce stage annuel était de trop longue durée, étant données nos mœurs actuelles, la vie moins sédentaire qu'autrefois dans le personnel des fermes, des entreprises agricoles, des exploitations rurales quelconques.

(¹) Dalloz, Répert. *v° cit.*, n° 1784.

(²) S. 1847, 1, 826; D. P. 1847, 1, 240.

(³) Voir not. Migneret, *Traité de l'Affouage dans les bois communaux,* n° 153, 154; Meaume, *Droits d'usage dans les forêts,* n° 547; Guyetant, *Traité de l'Affouage,* p. 148 et suiv.; Larzillière, *De l'Administration des forêts communales,* p. 156-157.

(⁴) *Journal officiel,* 1882. Documents parlementaires. Chambre, p. 452. Annexe n° 490.

Aussi, dans le rapport très documenté qu'il présenta à la Chambre le 1er juin 1882 (1), M. Lelièvre ne proposa plus qu'une résidence de six mois, qui fut adoptée par la Chambre(2).

Mais ce délai, pourtant réduit, allait être supprimé au Sénat. Sans contester aucunement les agissements regrettables signalés par M. Lelièvre, le rapporteur à la Chambre haute, M. Chaumontel, reproduisant une théorie déjà ancienne de Guyetant(3), soutint que les abus étaient imputables non à la loi, mais aux communes qui en avaient fait une fausse application(4). Et, suivant cette opinion, le Sénat n'imposa aux affouagistes aucune condition de résidence(5).

Soumise à la Chambre, la proposition ainsi modifiée fut l'objet d'un nouveau rapport de M. Lelièvre, qui déclara adhérer à l'opinion défendue par M. Chaumontel(6); le texte du Sénat fut alors définitivement admis (7) et devint la loi du 23 novembre 1883, suivant laquelle le domicile réel et fixe devait exister dans la commune seulement avant la publication du rôle.

Les difficultés anciennes devaient nécessairement renaître. Toutefois, l'attention des municipalités avait été éveillée. En pratique, on exigea des prétendants droit à l'affouage un établissement certainement et véritablement stable. A la vérité, les fraudes pouvaient encore se produire, mais elles réussissaient plus difficilement : le règne des « écumeurs de bois » était passé. A ce point de vue, l'exposé des motifs de la proposition Chanal est notoirement exagéré. Déjà en 1895, Mallet, constatant que la situation des biens communaux livrés aux pillages de ces espèces de gyrovagues à l'affût des coupes affouagères avait été dépeinte sous des couleurs un peu noires, déclarait que les renseignements personnellement

---

(1) *Journal officiel*, 1882. Documents parlementaires. Chambre, p. 1558. Annexe n° 908.

(2) *Journal officiel* du 29 décembre 1882.

(3) GUYETANT, *Traité de l'Affouage*, ancienne édition, p. 205 et suiv.

(4) *Journal officiel*, 1883. Documents parlementaires. Sénat, p. 868-869. Annexe n° 309.

(5) *Journal officiel* du 28 octobre 1883.

(6) *Journal officiel*, 1883. Documents parlementaires. Chambre, p. 2021, Annexe n° 2339.

(7) *Journal officiel* du 13 novembre 1883.

recueillis par lui étaient muets sur le genre de stratagème dont les artifices avaient été expliqués en 1883(¹).

Depuis lors, les abus ont encore diminué en raison principalement de la sévérité de la jurisprudence qui, loin de se prêter remarquablement aux fraudes, ainsi que le prétendent les auteurs de la proposition de 1904(²), écarte de l'affouage tous les réclamants n'ayant pas une résidence effective dans la commune.

Cette jurisprudence s'est précisée surtout depuis 1896, alors que le Tribunal des conflits, confirmant, dans un arrêt célèbre, un arrêté de conflit élevé par le préfet de la Haute-Saône, a posé en principe que l'article 105 du Code forestier a établi des conditions qui, même pour le domicile, sont distinctes des règles de la loi civile ordinaire(³).

Les tribunaux administratifs, seuls compétents désormais pour apprécier les difficultés relatives aux conditions d'aptitude personnelle des prétendants droit à l'affouage, se sont montrés, en effet, justement rigoureux.

Sans passer en revue toutes les décisions identiques rendues en notre matière durant les dix dernières années, nous nous bornerons, afin de montrer l'orientation très nette d'une jurisprudence critiquée à tort, à signaler deux arrêtés typiques de conseils de préfecture.

Le 5 décembre 1899, le conseil de préfecture du Jura repoussait une demande d'inscription au rôle d'affouage formée par un sieur J... qui, domicilié civilement à Prénovel, résidait effectivement à Rivière-Devant chez son neveu, où il recevait les soins nécessités par son état maladif et son grand âge, et n'était demeuré en réalité dans son domicile légal qu'une demi-journée. « Considérant, dit l'arrêté, que l'article 105 du Code forestier exigeant le domicile réel et fixe, on ne peut attribuer à l'apparition du sieur J... à Prénovel le caractère de réalité et de fixité exigé par la loi

---

(¹) Mallet, *De l'Affouage*, p. 41.

(²) Les extraits rapportés dans l'exposé des motifs de la proposition Chanal, sans que la source en soit indiquée, sont tirés, autant que nous avons pu nous en rendre compte, d'une décision du tribunal de Mirecourt du 25 mars 1831 et d'un arrêt de cassation du 28 floréal an X ; ils ne paraissent donc point constituer de très utiles arguments.

(³) *Revue générale d'Administration,* 1896, II, p. 427 (avec une note de M. Juillet-Saint-Lager); D. P. 1897, 3, 71.

pour le domicile d'affouage, distinct en cela du domicile du Code civil ([1]). »

Le 12 février 1904, le conseil de préfecture de la Côte-d'Or rejetait de même la réclamation d'un sieur A... qui, ayant fait élection de domicile dans la commune de Soirans, s'y étant marié, y ayant son ménage et son principal établissement, y payant ses contributions et y séjournant quand il pouvait, était clerc de notaire à Auxonne, où il avait un pied-à-terre. « Cette situation, dit l'arrêté, ne lui permet pas d'habiter constamment Soirans ; il ne suffit pas d'avoir fixé son principal établissement dans une commune, conformément à l'article 103 du Code civil, pour acquérir le droit à l'affouage... Ce droit s'acquiert dans des conditions spéciales qui ne sont pas déterminées par le Code civil ([2]). »

Parmi les arrêts du Conseil d'État rendus dans le même sens, nous nous contenterons de rappeler celui du 18 novembre 1904, si remarquablement annoté et commenté par M. Rabany et d'où il résulte que l'habitation réelle, l'établissement certain dans la commune affouagère sont indispensables à tout prétendant droit ([3]).

La même théorie est soutenue sans restrictions par les auteurs les plus récents en matière d'affouage ([4]).

De cet exposé il résulte que la reconnaissance législative d'une résidence affouagère ne ferait ainsi que préciser et consacrer une doctrine constante, une jurisprudence expresse, l'une et l'autre actuellement formelles.

Mais, pour être véritablement utile et pratique, pour répondre, ainsi que nous avons pu le constater personnellement, aux aspirations unanimes des administrations communales forestières, une réforme à ce sujet devrait être plus radicale que le projet voté par la Chambre en juillet dernier. Et tout d'abord il serait essentiel qu'une résidence déterminée dans la commune fût une condition non plus facultative, comme dans la proposition Chanal, mais légalement obligatoire pour la participation à l'affouage.

([1]) Conseil de préfecture du Jura, 5 décembre 1899 (J... contre la commune de Prénovel).

([2]) Conseil de préfecture de la Côte-d'Or, 12 février 1904 (A... contre la commune de Soirans).

([3]) *Revue générale d'Administration*, 1905, I, p. 406 à 414.

([4]) Antoine et Ferry, *Guide de l'Affouagiste*, p. 18 à 21 ; Burdet, *Traité pratique de l'Affouage*, p. 36.

III

Pour justifier la latitude laissée par eux aux communes en matière de résidence affouagère, les auteurs de la proposition de 1904 s'expriment ainsi : « ... Nous ne demandons pas qu'une loi fixe elle-même le délai nécessaire pour acquérir la qualité d'affouagiste dans une commune. Nous vous proposons de laisser aux conseils municipaux le soin de déterminer ce délai. Ils sont les administrateurs de la propriété communale et, à ce titre, d'un côté ils ont droit à une certaine indépendance, de l'autre ils ont intérêt à prévenir les fraudes. Mieux que personne, ils pourront, en s'inspirant des circonstances, des nécessités ou des préférences locales, fixer le délai nécessaire pour pouvoir bénéficier de l'affouage. — Néanmoins, comme il serait dangereux, dans certains cas, ainsi que nous l'avons indiqué plus haut, d'exagérer la longueur de ce délai, mesure qui n'aurait plus pour but de prévenir les fraudes, mais qui constituerait de véritables abus établis en faveur d'une certaine catégorie d'habitants au préjudice de nouveaux venus, de ceux qui se sont installés dans la commune, avec l'intention loyale de l'habiter réellement, nous avons estimé qu'il convenait de limiter la faculté ainsi donnée au conseil municipal. Le délai de six mois que nous visons paraît être un terme moyen, propre à paralyser les fraudes tout en prévenant les abus. Le conseil municipal appréciera si un délai quelconque est nécessaire et, s'il le juge nécessaire, il fixera lui-même, dans les limites du maximum établi, le nombre de jours, de mois qu'il convient de donner à ce délai [1]. »

Cette simple citation n'est-elle pas, elle seule, la condamnation du système Chanal ? En effet, les promoteurs de la réforme se proposent pour objet de paralyser les fraudes toujours possibles actuellement et d'éviter les abus encore plus faciles. Et, en réalité, ils permettent aux administrations communales, si un intérêt particulier les y pousse, de tolérer ces fraudes en maintenant le système actuel ; d'autre part, ils ouvrent la porte à tous les abus qu'ils com-

---

[1] Exposé des motifs de la proposition Chanal. (*J. off.*, 1904. Chambre, Doc. parlem., p. 789. Ann. n° 1640.)

battent, en autorisant la variation incessante de la durée de la résidence affouagère.

M. Chanal et ses collègues insistent, il est vrai, sur l'indépendance et la liberté qu'il convient de laisser aux conseils municipaux ; ils s'inspirent visiblement en cela de la réforme de 1901. Mais la situation n'est plus la même. Alors que, suivant M. le sénateur Saillard, le projet Ordinaire de 1898 accordait aux municipalités « le droit d'opter entre différents systèmes qui peuvent présenter des avantages locaux dont elles seront les meilleurs juges [1] », alors que M. de Moustier, à la Chambre, déclarait que le même projet « autorise les intéressés à appliquer à leur gré, au partage des coupes affouagères, des procédés de répartition nouveaux qui permettent de tenir compte des intérêts et des nécessités ou des préférences locales [2] », nécessités ou préférences dérivant surtout de la nature des bois, les conséquences du projet de 1904 sont plus générales : il s'agit, en effet, aujourd'hui de la suppression d'injustices partout identiques, de la répression de fraudes partout possibles.

C'est, en somme, la distinction qu'avaient déjà faite les rédacteurs du Code forestier de 1827 ; en reconnaissant les usages anciens, ils avaient seulement, comme nous l'avons déjà fait remarquer, voulu remettre en vigueur les usages relatifs au mode de partage, laissant sous l'empire de l'abrogation générale des coutumes locales ceux qui concernaient les qualités ou conditions nécessaires pour être réputé affouagiste [3].

D'ailleurs, tandis qu'en 1898, certaines communes forestières réclamaient, pour la distribution de l'affouage, une liberté dont, en fait, bien peu, comme nous le verrons, ont profité, aucune, à notre connaissance, n'ambitionne la très large latitude qu'offre si généreusement le projet Chanal.

---

[1] Rapport de M. Saillard au Sénat, le 19 mars 1901. (*J. off.*, 1901. Sénat. Doc. parlem., p. 246. Ann. n° 146.)

[2] Rapport de M. de Moustier à la Chambre des députés, le 22 juin 1900. (Doc. parlem. 1900. Chambre, p. 1348. Ann. n° 1739.)

[3] En dehors des références citées à ce sujet p. 7, note 2, cf : Meaume, *Droits d'usage dans les forêts*, t. II, p. 93, n° 503 ; Migneret, *Traité de l'Affouage dans les bois communaux*, p. 141 et suiv. Ce dernier auteur notamment cite plusieurs décisions du tribunal de Langres (p. 152) ayant rejeté l'usage suivant lequel les nouveaux habitants n'étaient admis à participer à l'affouage qu'après une année entière de domicile.

Nous nous sommes, en effet, personnellement livré à une sorte d'enquête dans plusieurs des départements de l'Est particulièrement riches en forêts et aucune des administrations communales avec lesquelles nous sommes entré en rapport dans les départements du Doubs, du Jura, de la Haute-Saône, de la Côte-d'Or et de la Haute-Marne ne nous a paru souhaiter l'aboutissement intégral de la réforme votée par la Chambre le 9 juillet 1907.

Nous comprenons facilement cette indifférence.

Le texte proposé, en effet, est muet sur la façon dont le conseil municipal usera de la faculté qui lui est reconnue. L'exposé des motifs et le rapport Plissonnier ne fournissent non plus aucune indication à ce sujet. Mais des termes dans lesquels est conçu le paragraphe nouveau, de sa place dans l'article, il nous semble indubitablement résulter que la décision relative à la résidence devra être prise chaque année, dans la session de mai, comme le choix du mode de partage et l'admission de la vente totale ou partielle de l'affouage.

Or, cette fixation annuelle ne pourra qu'augmenter le nombre des discussions actuelles, dont la plupart, depuis la loi de 1901, ne sont relatives, ainsi que l'on peut s'en rendre compte, qu'à la question du domicile dans la commune.

En vain essaierait-on de soutenir qu'en pratique les conseils municipaux admettront, comme ils l'ont fait parfois relativement au choix du mode de partage, un système dont l'idée n'est même plus discutée chaque année. Mais, tandis que le mode de partage est souvent imposé par la nature même des bois, en matière de résidence la seule base de décision sera presque forcément l'admission ou le rejet de certaines personnalités, en tout cas, le bon plaisir du conseil.

D'autre part, si un maximum de six mois de résidence est imposé aux administrations communales, aucun minimum n'est fixé et, suivant le passage de l'exposé des motifs que nous avons cité au début de ce chapitre, le délai peut n'être que de quelques jours. C'est encore un danger, et conçoit-on les querelles qui se formeront si, dans la même commune, la participation à l'affouage est subordonnée, une année, à quelques jours de résidence et, l'année suivante, à quatre ou cinq mois d'habitation ?

Que l'on ne nous reproche point d'exagérer. Nous invoquerions

le témoignage des communes elles-mêmes. Deux exemples suffi-
ront. Dans l'arrondissement de Pontarlier (Doubs), plusieurs maires
du canton de Levier, l'une des régions françaises les plus riches en
sapinières, nous ont formellement déclaré qu'à leur avis, le nouveau
système de résidence laissant les municipalités libres de fixer un
délai variable depuis six mois entraînera toujours de violents et
sérieux motifs de discussion aux municipalités.

Un autre magistrat municipal de l'arrondissement de Saint-Claude
(Jura), nous écrivait : « Il serait nécessaire que les conseils municipaux n'aient qu'à appliquer la loi sans l'interpréter à leur façon.
En effet, si le conseil était libre de fixer la durée du domicile, il se
produirait entre conseillers de vives discussions et beaucoup d'injustices, le nombre l'emportant toujours. Cette année, par exemple,
il pourrait se faire que de nouveaux habitants du pays ne plaisent
pas à la majorité du conseil ; alors, pour les évincer, les conseillers
pourraient fixer la plus longue durée (six mois) pour avoir droit à
l'affouage, de sorte que ces six mois ne seraient pas atteints au moment de la publication du rôle. L'année suivante, on peut supposer
que pour être favorable à de nouveaux habitants ou à leurs parents,
quand il s'agirait de nouveau-nés, le conseil fixerait une durée très
courte, nulle parfois. De sorte que, dans tous les cas, ce serait le
triomphe de l'arbitraire. »

Et notre honorable correspondant, se bornant à signaler l'influence des intérêts de personnes, ne parle pas des difficultés venant
des idées politiques ou des querelles religieuses, si âpres souvent
dans nos pays de montagne.

En somme, tous les abus signalés dans la proposition Chanal sub-
sisteront en faveur d'une certaine catégorie d'habitants, au grand
préjudice de la vie administrative de la commune.

Au contraire, ces abus, le favoritisme possible et les rancunes
communales disparaîtraient d'eux-mêmes si le législateur détermi-
nait d'une manière unique et immuable la résidence nécessaire dans
une commune pour avoir droit au bénéfice de l'affouage.

Quant à la durée de cette résidence, nous pensons, avec la très
grande majorité des communes rurales forestières, qu'elle devrait
être de six mois avant la publication du rôle provisoire. Ce stage
est suffisant, d'après l'exposé des motifs du projet de 1904, pour
indiquer une installation réelle et fixe dans la commune. C'est ce

même délai, d'ailleurs, qui avait été admis par la Chambre de 1883, ensuite du premier rapport Lelièvre, et qui, d'après le texte, devait être appliqué indistinctement à toutes les communes forestières.

En réalité, dans la loi du 23 novembre 1883, l'obligation d'une résidence affouagère fut postérieurement supprimée ; et les motifs du silence gardé à ce sujet par le législateur ont été clairement résumés par M. Lelièvre dans son second rapport à la Chambre : « En fait, disait l'érudit député du Jura, le maintien de la durée du domicile pourrait conduire à des injustices nombreuses. En effet, dans les contrées forestières, l'Est et le Sud-Est notamment, l'usage est de publier les rôles d'affouage dans les premiers mois de l'exercice, en janvier ou février le plus souvent. Or, comme, en ces pays, les baux à ferme commencent généralement à courir du 1er novembre, il s'ensuivrait, si le texte primitif de la proposition était maintenu, que les fermiers nouveaux se verraient toujours privés, pendant la première année de leur bail, du bénéfice de l'affouage. Les communes elles-mêmes ne tarderaient pas à protester contre une telle obligation dont les inconvénients ne peuvent être compensés, nous le reconnaissons, par les avantages que nous avions consignés dans notre précédent rapport[1]. »

Les mêmes remarques déjà faites au Sénat par M. Chaumontel[2] constituent, contre la résidence obligatoire en matière d'affouage, une objection qui paraît sérieuse au premier abord et qui, frappant l'esprit de M. Chanal et de ses collègues, a pu déterminer en partie le vote, en juillet 1907, de la liberté laissée aux communes.

Mais, ainsi que l'avait déjà indiqué Mallet[3], il existe un moyen très simple de déjouer les fraudes en ne suscitant aucun des inconvénients signalés en 1883, c'est d'imposer aux communes l'obligation de publier les rôles d'affouage le même jour, à une époque utile, mais point trop tardive.

Nous estimons même que cette fixation légale est le complément nécessaire, indispensable de l'obligation de résidence ; et que la

---

[1] Rapport de M. Lelièvre le 8 novembre 1883. (*J. off.*, 1883. Chambre. Doc. parlem. Ann. n° 2339, p. 2021.)

[2] Rapport de M. Chaumontel le 7 juillet 1883. (Sénat. Doc. parlem., p. 868-869. Ann. n° 309.)

[3] MALLET, *De l'Affouage*, p. 43.

réforme qui ne porterait pas en même temps sur ces deux points, serait purement illusoire.

Il ne nous paraît point difficile de le démontrer.

IV

La publication provisoire des rôles d'affouage a, en pratique, une particulière importance [1]. Depuis la loi du 23 novembre 1883, elle fixe le commencement de l'année affouagère et détermine le moment où, tout au moins, il faut avoir dans la commune un domicile réel et fixe et posséder la qualité, suivant les cas, de chef de famille ou de maison. Dans le procédé Chanal, ainsi que dans le système préconisé par nous, elle présente encore un plus grand intérêt, car elle devient le point de départ du calcul de la résidence obligatoire dans la commune.

Et cependant la date de cette publication est abandonnée entièrement au pouvoir discrétionnaire du conseil municipal.

Nous avons déjà, à un autre point de vue, indiqué les conséquences singulières auxquelles aboutissait cet arbitraire. Nous avons montré notamment que, par exemple, dans la commune d'Arc-sous-Montenot (Doubs), par suite de ce fait qu'en 1893 le rôle fut publié en février, tandis qu'en 1894 la publication n'était pas encore faite en décembre, des personnes qui n'étaient venues s'établir dans la commune qu'en mars 1893 ont pu rester près de deux ans sans toucher d'affouage, puisqu'elles ne participaient à ce droit que dans le courant de 1895 [2].

Bien avant nous, Guyetant avait signalé les inconvénients résultant de cette pratique défectueuse et il avait conclu en disant qu'il importait que le rôle provisoire fût publié le même jour dans toutes les communes de France ayant un affouage [3].

Nous nous étonnons que les auteurs du projet de 1904 ne soient pas arrivés à la même conclusion, car ils critiquent amèrement la « diversité des dates de publication du rôle ». Dans le dessein de

------

[1] Nous ne parlons pas du rôle définitif, dont aucune loi ne prescrit la publication.

[2] *Du Mode de répartition de l'affouage communal*, p. 77.

[3] Guyetant, *Traité de l'Affouage*, nouvelle édition, p. 130-131.

montrer, en ce qui concerne la qualité d'habitant, la faillite de la réforme de 1901, ils s'expriment ainsi : « Des gens nomades, sans domicile réel, s'établissent dans une de ces communes (où l'affouage atteint une valeur relativement élevée) au moment de la publication du rôle et obtiennent une part de l'affouage. Ils vont ensuite, dans une autre commune, user du même procédé et se procurent ainsi des revenus parfois importants... Ailleurs, ce sont des propriétaires qui engagent, à la veille de la publication du rôle, des domestiques, ce qui ne les gêne nullement, la publication du rôle ayant lieu à des dates qui varient suivant chaque commune, mais généralement à la veille ou au moment des grands travaux agricoles. Les propriétaires bénéficient des parts qu'ils réclament au nom de leurs domestiques. Il arrive même parfois, en raison de la diversité des dates de publication du rôle, qu'un domestique, en changeant de maître et de commune, se voit attribuer, pendant la même année, au profit de ses patrons successifs, deux ou même trois parts d'affouage ([1]). »

Or, il s'agit uniquement, dans ce passage, des méfaits produits par la différence de dates de la publication du rôle provisoire. Mais ces méfaits subsistent en entier avec le système de liberté admis par la Chambre en juillet 1907.

Laissons encore la parole à ce sujet au maire de l'une des communes du Jura les plus riches en forêts : « La modification proposée par M. Chanal, nous écrivait, le 5 novembre dernier, le très obligeant magistrat municipal, ne serait point complète si la loi ne fixait pas une date unique pour la publication du rôle. Il serait alors loisible au conseil de retarder la publication du rôle pour attendre soit le départ d'un ménage, d'un fermier, par exemple, soit l'arrivée d'autres personnes ou la naissance d'un ou de plusieurs nouveau-nés. D'autre part, la publication du même rôle pourrait être avancée par le même conseil afin que des personnes prêtes à quitter la commune profitent de l'affouage, ou, au contraire, pour que des personnes attendues n'en profitent pas. Le défaut de date fixe pour la publication du rôle a encore d'autres inconvénients. Il peut arriver et il arrive quelquefois que des personnes — j'en connais

---

([1]) Exposé des motifs de la proposition Chanal. (*J. off.*, 1904. Doc. parlem. Chambre, p. 789. Ann. n° 1640.)

— ont quitté la commune qu'elles habitaient après la publication du rôle ; elles ont eu leur affouage dans cette commune. Ces personnes se sont établies ensuite dans une commune où le rôle n'était pas encore publié à leur arrivée et ont obtenu encore leur affouage dans cette dernière commune. De ce fait, elles ont donc deux affouages dans la même année, ce qui est injuste. Si le contraire s'était produit, c'est-à-dire si elles avaient quitté la dernière commune où le rôle n'était pas publié, pour aller habiter la première où la publication était déjà faite, ces personnes n'auraient eu aucun affouage dans l'année. »

En supposant même l'exigence légale d'une résidence de six mois, des inconvénients identiques seraient encore possibles, car nous avons vu, dans la même région, la publication du rôle avoir lieu dans une commune le 1er août, dans une autre le 31 décembre, c'est-à-dire avec une différence de près de cinq mois. D'autre part, si les communes étaient absolument libres de la fixation, rien n'empêcherait l'administration municipale soit de retarder la publication afin d'attendre que certains habitants favorisés aient dans la commune la résidence légale, soit d'avancer cette publication afin que d'autres habitants moins bien considérés ne puissent justifier du séjour exigé.

Parfois, il est vrai, on a essayé de réparer le silence de la loi. Suivant en cela l'opinion émise, sans justification d'ailleurs, par Meaume[1] et Migneret[2], quelques préfets ont cru devoir, par des arrêtés réglementaires, fixer à la même époque, pour l'étendue de leur département, la publication du rôle d'affouage. C'est ainsi que dans le département de la Côte-d'Or, un ancien arrêté préfectoral du 28 septembre 1842 fixait au 1er octobre de chaque année la date à laquelle devait être dressée la liste provisoire dont l'affichage devait être fait le 10 du même mois. C'est ainsi encore que, notamment dans le département de la Haute-Saône, un arrêté réglementaire des 1er mars et 28 mai 1901 contient les dispositions suivantes : « ... *Art. 11 :* Du 1er au 15 octobre, le conseil municipal dressera la liste provisoire des ayants droit à l'affouage en se conformant à la loi précitée (de 1901) et au mode de partage qu'il aura adopté

---

[1] Meaume, *Droits d'usage dans les forêts,* II, p. 229.
[2] Migneret, *Traité de l'Affouage,* n° 30, p. 43.

pendant la session de mai. — *Art. 12 :* A la diligence du maire, copie de la liste sera publiée à son de caisse les trois dimanches qui suivront sa formation et restera affichée pendant l'intervalle entre le premier et le troisième dimanche. »

De telles mesures ont l'avantage évident d'empêcher souvent l'arbitraire. Mais nous ne croyons point qu'elles rentrent dans les attributions des préfets, qui puisent seulement dans l'article 68, § 7, de la loi du 5 avril 1884 le droit d'homologuer le tarif des droits à percevoir par la commune sur les affouagistes, comme celui de toutes les taxes municipales[1].

Cette opinion ne nous est point personnelle. Nous l'avons retrouvée excellemment développée par MM. Antoine, conseiller de préfecture des Vosges, et Ferry, secrétaire-greffier du même conseil, qui, dans leur *Guide de l'Affouagiste,* s'expriment ainsi : « Lui appartient-il du moins (au préfet), d'une part, de fixer l'époque à laquelle doit intervenir la délibération qui arrête la liste affouagère et, d'autre part, de régler les formes de publicité et le délai de réclamation en ce qui concerne cette liste ? Nous ne le croyons pas. On a pourtant soutenu l'opinion contraire (DALL., *Jurisp. gén.,* v° *Forêts,* n° 1863), mais on n'a pu le faire que par suite d'une confusion, très explicable du reste : on n'a pas distingué la liste affouagère du rôle dressé pour l'établissement de la taxe d'affouage. Or, si, à l'égard de ce rôle qui doit être homologué par lui, les pouvoirs du préfet sont très étendus, il est loin d'en être ainsi de la liste affouagère, pour la formation de laquelle aucun texte législatif ou réglementaire n'a prescrit de formalités spéciales, ni autorisé le préfet à en prescrire. Le conseil municipal est donc libre, sous la réserve de l'observation stricte des dispositions de la loi du 5 avril 1884, d'arrêter à la date et de la manière qui lui conviennent la liste affouagère, d'en régler la publication comme il l'entend et d'accorder aux intéressés tel délai qu'il lui plaît pour réclamer devant lui. Les instructions contraires que le préfet adresserait aux maires ne pourraient avoir aucun effet[2]. »

D'autre part, d'après M. Burdet, plusieurs personnes ayant pensé que, pour faciliter l'application de la loi du 19 avril 1901, il fau-

---

[1] MORGAND, *Loi municipale,* septième édition, I, p. 574.
[2] ANTOINE et FERRY, *Guide de l'Affouagiste,* p. 55-56.

drait y ajouter une date unique fixant l'époque du recensement des ayants droit et une date également unique pour la publication des rôles, M. Cère, député, a, au commencement de 1902, demandé à M. le préfet du Jura s'il ne serait pas de sa compétence de combler ces deux lacunes par un arrêté. M. le préfet a répondu par la lettre suivante :

Monsieur le Député,

Vous avez bien voulu me communiquer une lettre par laquelle M. le maire de Saint-Pierre sollicite l'intervention de mon administration à l'effet de fixer une date unique pour le recensement des ayants droit à l'affouage, ainsi que pour la publication des rôles dans les communes du département.

J'ai l'honneur de vous faire connaître que, si la loi du 19 avril 1901, qui modifie l'article 105 du Code forestier, n'a spécifié ni la date de la publication du rôle, ni celle de sa clôture, pas plus que l'époque où le partage doit s'effectuer, c'est évidemment dans le but de laisser, comme par le passé, ce soin au pouvoir discrétionnaire des conseils municipaux. Je ne saurais donc, sans excéder les pouvoirs qui me sont conférés, donner satisfaction au désir exprimé par la communication que je vous retourne sous ce pli. Je ne puis, monsieur le Député, que vous en exprimer tous mes regrets.

Veuillez agréer, etc.

> *Le préfet du Jura,*
> Signé : Trépont ([1]).

Il semble donc bien qu'une réglementation préfectorale à ce sujet n'est pas régulière. Au surplus, même à supposer légaux des arrêtés semblables à celui de la Haute-Saône, la possibilité des fraudes subsistera presque entière entre les communes forestières de départements voisins, car il est certain qu'une loi seule peut réaliser l'entente relative à une date, unique pour toute la France, de la publication des rôles d'affouage.

En cette matière, en effet, ainsi que nous avons pu personnellement nous en convaincre, les opinions les plus diverses se font jour. Certaines communes du Haut-Jura, par exemple, ont parfois choisi, pour la publication du rôle, le 1er août ; d'autres, au contraire, le 1er janvier, et entre ces deux dates extrêmes, les mois de septembre ou d'octobre sont les plus fréquemment admis.

([1]) Burdet, *Traité pratique de l'Affouage*, p. 54-55.

Il faut évidemment tenir compte, pour la fixation d'une date unique, des besoins généraux, des usages suivis en plusieurs régions. Mais il ne conviendrait point de s'attacher trop spécialement à des intérêts particuliers à quelques communes seulement.

Malgré les avantages que la date du 1er janvier paraît présenter pour beaucoup, nous n'en serions point partisan, en raison notamment des locations d'automne, qui en 1883 ont été la cause principale de la condamnation d'une résidence obligatoire.

La publication prématurée en août ou même septembre serait en trop radicale opposition avec les habitudes de la majorité, nous le croyons, des départements forestiers; trop tardive, elle retarderait la répartition et ferait perdre à l'affouage une partie de son caractère essentiellement utilitaire.

Des renseignements que nous avons recueillis auprès d'un grand nombre de municipalités de l'Est, il semble résulter que la date moyenne du 1er octobre serait plus facilement admise par tous. Combinée avec la résidence obligatoire de six mois, la publication faite à cette date empêcherait les fraudes des ouvriers agricoles qui devraient s'installer dans la commune le 1er avril; elle ne donnerait point naissance aux critiques formulées en 1883 à la Chambre et au Sénat; enfin, elle permettrait la distribution à une époque point trop avancée et aurait l'avantage de procurer aux affouagistes pauvres du bois pour leurs besoins de la saison d'hiver.

V

Un dernier caractère de la réforme votée par la Chambre reste à examiner : c'est son but essentiellement restrictif. La modification qu'elle entraîne au point de vue de la résidence ne s'applique, en effet, qu'à la répartition par tête et, dans le partage mixte, à la portion seulement se divisant par tête.

Le rapport de M. Plissonnier ne fait aucune allusion aux causes de cette restriction; c'est donc uniquement dans l'exposé des motifs de la proposition de 1904 que l'on peut chercher les raisons ayant déterminé les promoteurs de la réforme à en limiter la portée.

Or, l'argumentation de M. Chanal et de ses collègues est à ce sujet très simple : « ... Le partage par feu, disent-ils, semble depuis lors (loi de 1901) de plus en plus condamné et, dans les régions forestières les plus importantes de l'Est, les préférences se divisent presque également entre les deux nouveaux modes de partage institués par la loi de 1901, le partage mixte, moitié par feu et moitié par tête et le partage par tête... Mais, actuellement, les conseils municipaux sont nombreux qui hésitent à adopter l'un ou l'autre de ces modes de partage, parce qu'ils ne veulent pas léser les véritables habitants de la commune au profit d'étrangers, qui souvent même n'exercent pas leurs droits électoraux dans la commune à laquelle ils demandent une part d'affouage. Ces conseils municipaux réclament une modification de l'article 105 du Code forestier, modification qui, en fermant la porte aux abus et aux fraudes, faciliterait l'adoption du partage mixte ou du partage par tête... C'est dans ces conditions, en vue de favoriser l'application des nouveaux modes de partage établis par la loi de 1901, que nous avons l'honneur de présenter la proposition de loi qui suit(¹)..... »

Une rectification s'impose tout d'abord.

Non, le partage par feu ne semble pas de plus en plus condamné, et, contrairement aux indications de l'exposé des motifs, dans les régions forestières de l'Est, c'est vers lui que se dirigent encore le plus souvent les préférences.

Et, en effet, en ce qui concerne l'année 1907, dans le département de l'Ain, représenté à la Chambre par M. Chanal et quatre de ses collègues signataires de la proposition de 1904, sur 227 communes distribuant l'affouage, 207 ont choisi le partage par feu, 13 le partage par tête et 7 seulement le partage mixte moitié par feu, moitié par tête.

Dans les trois départements de l'Isère, de Meurthe-et-Moselle et de la Côte-d'Or, représentés à la Chambre par cinq des signataires du projet Chanal, toutes les communes distribuant l'affouage ont, sans exception, admis la répartition par feu. En Franche-Comté, la grande majorité est dans le même sens et, en somme, pour onze départements de l'Est au sujet desquels nous avons obtenu des renseignements précis, soit directement, soit très obligeamment par l'intermédiaire de la préfecture de la Haute-Saône, sur 3 693

(¹) Exposé des motifs de la proposition Chanal. (*J. off.*, 1904. Doc. parlem. Chambre, p. 789. Ann. n° 1640.)

communes partageant l'affouage, 3 560 préfèrent le partage par feu, 46 seulement le partage par tête et 87 le partage mixte.

Le détail est intéressant à vérifier.

Mode de partage de l'affouage communal.

EXERCICE 1907.

NOMS des départements	NOMBRE de communes distribuant l'affouage	PAR FEU	PAR TÊTE	MOITIÉ par feu moitié par tête
Ain	227	207	13	7
Côte-d'Or	434	434	»	»
Doubs.	395	356	10	29
Jura.	489	437	7	45
Haute-Marne. . .	432	431	1	»
Meurthe - et - Mo - selle, ...	379	379	»	»
Haute-Saône. . .	523	509	9	5
Haute-Savoie. . .	164	160	4	»
Territoire de Belfort	43	42	»	1
Vosges	430	428	2	»
Isère	177	177	»	»
TOTAUX. . . .	3 693	3 560	46	87

Le dernier passage de l'exposé des motifs que nous avons rappelé laisse supposer que les promoteurs de la réforme de 1904 devaient connaître une partie tout au moins de ces résultats, mais, en présence de tels chiffres, il nous paraît difficile d'admettre avec eux que l'hésitation des conseils municipaux à adopter les modes nouveaux provient de la crainte de léser les véritables habitants au profit d'étrangers.

Tout d'abord, la différence est trop grande entre les partisans du partage par feu et les autres (3 560 communes contre 133 dans onze départements) pour qu'il y ait là un motif sérieux du choix des administrations municipales. D'ailleurs, avec le partage par feu, la crainte prévue par M. Chanal et ses collègues est tout aussi redoutable, car en fait les abus visés sont l'œuvre d'ouvriers et de nomades qui, généralement, lorsqu'ils viennent soit s'établir dans une commune forestière, soit s'embaucher chez un fermier, ne sont point chargés de famille. Il en résulte donc que la fraude pourrait même être plus grave dans la répartition par feu que dans les autres modes de partage.

En réalité, le projet Chanal a pour objet de « favoriser l'application des nouveaux modes de partage ». Son caractère restrictif lui permettra-t-il d'atteindre son but ?

Évidemment non, en ce qui concerne le partage mixte.

Ce mode de répartition est déjà certainement le plus compliqué en raison de l'établissement du rôle. Cependant, un certain nombre de communes, tenant compte de ce que ce système est peut-être celui qui correspond le mieux à la réalité des besoins, l'ont adopté, après avoir essayé du partage par tête[1]. Il ressort d'ailleurs du tableau précédent qu'actuellement il reçoit presque le double d'adhésions de ce dernier mode (87 au lieu de 46 dans onze départements).

Or, le projet voté par la Chambre, augmentant la difficulté du système mixte en n'autorisant les communes à fixer une résidence qu'en ce qui concerne le droit à la portion divisée par feu, entraînera certainement dans de nombreux cas l'abandon de ce mode de répartition. ·

Le progrès n'en subsisterait pas moins, à la vérité, si cet abandon était fait en faveur du partage par tête. Mais, d'une part, nous n'avons pas encore constaté bien fréquemment le remplacement du partage mixte par le partage par tête. Et, d'autre part, nous ne croyons malheureusement pas que le projet de 1904 aidera beaucoup à la propagation, à l'extension de ce dernier système.

Point n'est besoin de redire nos préférences pour le partage par tête. Nous les avons déjà maintes fois indiquées[2] et nous sommes heureux d'être entièrement d'accord en cela avec les promoteurs de la proposition admise par la Chambre, pour lesquels « au point de vue de l'égalité stricte, le partage par tête est sans conteste le meilleur. Lui seul peut assurer entre tous les habitants d'une commune, qui à ce titre seul participent à l'affouage, une répartition aussi équitable que possible des produits de leur propriété[3]. »

---

[1] Voir BURDET, *Traité pratique de l'Affouage*, p. 48.

[2] Voir notre conférence sur l'affouage faite à Saint-Claude le 8 août 1898, à l'occasion de l'assemblée générale de la Société de Franche-Comté et Belfort. (*Bulletin de la Société forestière*, t. IV, p. 470 et suiv.) — *Du Mode de répartition de l'affouage communal*, 1899, p. 31 et suiv. — Loi du 19 avril 1901 sur l'affouage communal. (*Revue générale d'Administration*, 1901, III, p. 44.)

[3] Exposé des motifs de la proposition Chanal.

Mais nous sommes obligé de reconnaître que ce système n'a pas été accueilli par les municipalités avec l'enthousiasme rêvé, puisque, après six années de liberté, il n'est admis, dans les régions que nous étudions, que par 46 communes sur 3 516.

Cet état de choses nous paraît devoir être attribué à plusieurs causes. Il faut tenir compte du caractère pratique très différent que revêt l'affouage communal suivant les régions. Dans les pays où dominent les taillis, les bois d'affouage sont ordinairement consommés en nature; l'ancienne conception étymologique du feu (*ad focum*) paraît dès lors la plus rationnelle et la répartition par tête est considérée comme contraire à la réalité. On comprend donc qu'elle ne soit point là accueillie favorablement.

Dans les régions de haute futaie, dans les pays de sapinières notamment, l'affouage n'est plus en quelque sorte qu'un bénéfice communal, dont la division par tête est la plus logique. Et pourtant, à part surtout les communes ayant bénéficié jusqu'en 1883 d'anciens usages, bien peu actuellement profitent de la faculté que leur donne la loi. C'est qu'en réalité, les habitudes de plusieurs siècles sont bien vivaces et, en présence des discussions personnelles si fréquentes dans les communes rurales, beaucoup d'administrateurs municipaux, légalement libres de choisir, préfèrent une pratique peut-être imparfaite, mais dont le sens est fixé par l'usage, à une réglementation nouvelle dont les principes et les conséquences demeurent souvent vagues pour eux. Ajoutez à cela la déception de certaines communes qui, dans le partage par tête, avaient cru trouver un idéal achevé et qui, après en avoir fait l'essai, l'ont abandonné, oubliant que, si rien n'est parfait des institutions humaines, le devoir des sociétés comme des individus est toujours d'aspirer, fût-ce au prix de quelques sacrifices, à plus de justice et d'équité.

Au milieu de ce conflit d'idées, dont quelques-unes sont respectables, la fixation d'une résidence exclusive au partage par tête n'exercera vraisemblablement aucune influence en faveur de ce dernier mode.

Alors, en effet, que les avantages de la réforme, telle qu'elle est présentée, ne sont à la vérité ni apparents, ni très réels, il n'y aura certainement qu'un nombre infime de communes qui seront séduites et tenteront l'expérience qui leur est offerte, parce que les pays de taillis préféreront toujours le partage par feu et que les autres ne verront, à bon droit, dans la liberté qui miroite à leurs yeux, qu'une source d'interminables procès.

Il faut donc ne point tenter l'impossible, laisser l'affouage pour ce qu'il est suivant les régions : mais, en vertu de la loi qui exige que le progrès soit incessant, il convient de perfectionner la pratique actuelle en étendant indistinctement à tous les modes légaux le bénéfice d'une résidence obligatoire.

VI

De cette étude, pour laquelle nous avons voulu nous entourer de tous les documents possibles, la conclusion sera brève : Il est utile de fixer légalement une résidence déterminée obligatoire pour la participation à l'affouage communal ; l'indication de cette résidence doit être corroborée par la détermination d'une date unique de publication du rôle ; enfin, la réforme doit s'étendre à tous les systèmes reconnus par la loi.

Modifié à ce triple point de vue, l'article 105 du Code forestier pourrait être ainsi conçu :

« S'il n'y a titre contraire, le partage de l'affouage, qu'il s'agisse des bois de chauffage ou des bois de construction, se fera de l'une des trois manières suivantes :

« 1° Ou bien par feu, c'est-à-dire par chef de famille ou de ménage, ayant *domicile réel* dans la commune *six mois* avant la publication du rôle *qui aura lieu le 1er octobre ;*

« 2° Ou bien moitié par chef de famille ou de ménage et moitié par tête d'habitant remplissant les mêmes conditions de domicile ;

« Sera, dans les deux cas précédents, seul considéré comme chef de famille ou de ménage, l'individu ayant réellement et effectivement la charge ou la direction d'une famille ou possédant un ménage distinct où il prépare et prend sa nourriture ;

« 3° Ou bien par tête d'habitant ayant *domicile réel* dans la commune *six mois* avant la publication du rôle faite à la date précitée.

« Chaque année, dans la session de mai, le conseil municipal déterminera lequel de ces trois modes de partage sera appliqué.

« Il pourra décider la vente de tout ou partie de l'affouage au profit de la caisse communale. Dans ce dernier cas, la vente aura lieu par voie d'adjudication publique par les soins de l'administration forestière.

« Les usages contraires à ces modes de partage sont et demeurent abolis.

« Les étrangers qui remplissent les conditions ci-dessus indiquées ne pourront être appelés au partage qu'après avoir été autorisés, conformément à l'article 13 du Code civil, à établir leur domicile en France. »

Formulé ainsi, le texte résultant des diverses observations que nous avons présentées ne paraît susciter qu'une remarque particulière. L'expression « fixe » adjointe depuis 1827 au domicile de l'article 105 disparaîtrait, rendue inutile désormais par l'imposition légale d'une résidence de six mois. Dès lors toutes les controverses relatives au domicile affouager cesseraient d'elles-mêmes, puisque le caractère imprécis que présentait à ce point de vue le texte de l'article 105 du Code forestier cesserait, pour devenir nettement déterminé.

Comme il y a déjà un domicile électoral, un domicile de secours, il y aurait, en effet, légalement un domicile affouager, qui s'acquerrait par six mois de résidence. C'est, en somme, à cette création légale qu'aboutirait en dernière analyse toute notre théorie.

Et si c'est seulement en ces dernières lignes que se retrouve ce mot de *domicile affouager,* c'est, d'abord, qu'étudiant une proposition de loi, nous avons voulu la prendre telle qu'elle était avec son caractère essentiellement facultatif. C'est aussi, d'autre part, qu'avec le savant annotateur de la *Jurisprudence munioipale et rurale* (¹), nous estimons que le domicile affouager n'est qu'une résidence.

Telle est, au surplus, nous l'avons vu, l'opinion de la jurisprudence et en la consacrant, le législateur ferait œuvre utile, certainement approuvée de toutes les administrations communales.

____

(¹) *Jurisprudence municipale et rurale,* 1905, III, p. 46.

www.ingramcontent.com/pod-product-compliance
Ingram Content Group UK Ltd.
Pitfield, Milton Keynes, MK11 3LW, UK
UKHW021633130726
13696UKWH00005B/2158